UNSERE GESCHICHTEN

Sultana Barakzai (Hg.)

UNSERE GESCHICHTEN

Die Flucht in eine fremde Heimat

Mit Texten und Illustrationen von

Victoria Faurean
Ros Ibrahim
Chaima Kenaou
Kateryna Klymenko
Obaid Mirjani
Hania Shojaee
Oleksandr Suiarko

sowie Geleitworten von
Andrej Keller und Sultana Barakzai

Der Band wurde gedruckt mit großzügiger Unterstützung der Freunde und Förderer der Clemens-Brentano-Europaschule.

Sultana Barakzai (Hg.):
Unsere Geschichten – Die Flucht in eine fremde Heimat

ISBN (Print)   978-3-96317-376-9
ISBN (ePDF)   978-3-96317-945-7

© 2024 Büchner-Verlag eG, Marburg
Covergestaltung: Oleksandr Suiarko
Satz: DeinSatz Marburg | tn

Druck und Bindung: totem.com.pl/de/
Druck auf FSC-Mix
Printed in EU

Bibliografische Informationen der Deutschen Nationalbibliothek

Die Deutsche Nationalbibliothek verzeichnet diese Publikation in der Deutschen Nationalbibliografie, detaillierte bibliografische Angaben sind im Internet über https://dnb.de abrufbar.

www.buechner-verlag.de

Inhalt

Grußwort

Sieben Geschichten von jungen Menschen werden in diesem Buch stellvertretend für die vielen persönlichen Schicksale von Flucht und Vertreibung, vom Ankommen und Bleiben in der Fremde vorgestellt. Es sind berührende Geschichten, die uns nicht kalt lassen können. Es sind Geschichten, die eine junge Lehrerin, Sultana Barakzai, gesucht und gesammelt hat. Ohne ihre Begeisterungsfähigkeit, Zielstrebigkeit und Beharrlichkeit hätten sich die Schülerinnen und Schüler nicht an diesem Buchprojekt beteiligt. Es ist somit auch und vor allem das Buch von Sultana Barakzai, welches jetzt in den Händen interessierter Leserinnen und Leser liegt.

Sie hat als Lehrkraft für Deutsch als Zweitsprache eine Beziehung, ein Vertrauensverhältnis aufgebaut und es so geschafft, dass junge Autoren und Autorinnen sich uns und ihrer eigenen Geschichte gegenüber öffnen. Wir werden als Lesende auf Reisen mitgenommen, die in der Ferne unter schwierigen Verhältnissen beginnen und an der Clemens-Brentano-Europaschule im mittelhessischen Lollar zu einem vorläufigen Halt kommen.

Warum aber Lollar, warum aber diese Schule? Dies ist kein Zufall.

Die Clemens-Brentano-Europaschule steht seit ihrer Gründung 1968 für die Vielfalt der Kulturen. Vor langer

Zeit in einer anderen Bundesrepublik wurde die CBES – wie alle sie nennen – noch mit dem Begriff »Türkenschule« – als Ausdruck ätzenden Ressentiments diffamiert. Mittlerweile hat sich die Kooperative Gesamtschule mit Oberstufe zur größten Schule und zum Zentrum der Vermittlung von Deutsch als Zweitsprache im Landkreis Gießen entwickelt. Aktuell werden in fünf Intensivklassen über achtzig Kinder und Jugendliche aus der Ukraine, der Türkei, Eritrea und Somalia, Afghanistan, Bulgarien und Syrien und einigen anderen Staaten unterrichtet.

Integration, Vielfalt, Weltoffenheit hat also Tradition in Lollar. Türkisch, Portugiesisch, Italienisch, Kurdisch, später viel Polnisch und Russisch sprachen die Menschen, die dem Ruf der Arbeit folgten und in das Arbeiterstädtchen Lollar ab den 1950er Jahren kamen. Mittlerweile besuchen schon die Enkel und Urenkel dieser »Gastarbeiter« die Clemens-Brentano-Europaschule und erreichen – immer öfter unter Anleitung migrantisch geprägter Lehrkräfte – die höchsten schulischen Abschlüsse. Welch eine viel zu selten erzählte und gefeierte Integrationsleistung.

Dieses Buch steht in der Tradition dieser besonderen Schule und erinnert an die vielen verschiedenen Menschen mit ausländischen Wurzeln, die diese Region mit ihren leider nicht aufgeschriebenen Biografien seit vielen Jahrzehnten bereichern, gestalten und zu einem lebenswerten Ort machen.

Vor allem aber gilt es, unseren jungen Autorinnen und Autoren größten Respekt und Anerkennung auszusprechen. Respekt für den Mut sich in einer fremden Sprache mit dem eigenen jungen und doch schon so bewegten Leben auseinanderzusetzen. Hören wir ihnen zu! Unsere jugendlichen Literaten und Literatinnen haben Wichtiges zu sagen.

Denn das Gehen, Fliehen und das Ankommen sind nie einfach – obwohl sie die Geschichte und den Charakter der Menschheit von Beginn an prägen. Der Aufbruch kostet immer viel Kraft und er wird getrieben von der Hoffnung auf ein besseres und friedlicheres Leben. Der Aufbruch, das Zurücklassen von Freunden, von Familie, von wohlvertrauten Gerüchen, Geräuschen, dem Lachen und Weinen bekannter Menschen fällt nicht leicht. Keiner verlässt gerne seine Heimat, um auf gefährlichen Routen in einer vollkommen anderen, neuen Welt mit einer oft unverständlichen Kultur anzukommen. Häufig ist das Weggehen und Ankommen mit der Hoffnung auf Wiederkehr zu alten, heimischen Wurzeln verbunden.

Unsere jungen Autoren und Autorinnen sind mit im übertragenen Sinne vollgepackten Rucksäcken in Deutschland angekommen und kämpfen um ihren Platz im Leben. Aber ihre Rucksäcke enthalten nicht nur schwere Wackersteine – wie das Unverständnis der deutschen Sprache, neue fremde Sitten oder fehlende Freunde. In diesen Rucksäcken lagern auch viele, lebenswerte Schätze. Schätze wie Sprachenvielfalt, Erinnerungen, Erfahrungen, andere Perspektiven auf die Welt, Anpassungsfähigkeit, die Kraft, das Ankommen zu gestalten.

Ohne Sultana Barakzai wären diese Rucksäcke für uns verschlossen geblieben. Mit den nun vorliegenden Geschichten sehen wir etwas vom seelischen Gepäck der Jugendlichen: das Grau der belastenden Wackersteine ebenso wie das Glitzern und Funkeln ihrer persönlichen Edelsteine.

Ich habe mich selbst als Sohn von Migranten, als studierter Sozialwissenschaftler und Lehrer wie auch Schulleiter seit mehr als einem Jahrzehnt mit dem Gedanken getragen, die

Migrationsgeschichten von Schülerinnen und Schüler fest-
zuhalten. Ich habe nur gedacht, Frau Barakzai hat gehandelt.
Dafür gilt ihr unser größter Dank.

Andrej Keller
Schulleiter der Clemens-Brentano-Europaschule in Lollar
Lollar, im November 2023

Dieses Buch widme ich allen tapferen jungen Menschen,
die ihre Heimat verlassen mussten.

Vorwort

>Heimat ist da, wo wir verstehen
und verstanden werden.«

(Karl Jaspers)

Liebe Leser*innen,

es ist mir eine große Ehre, Ihnen dieses Buch vorstellen zu dürfen. *Unsere Geschichten – Die Flucht in eine fremde Heimat* ist ein Werk, das aus tiefstem Herzen kommt und Herzen bewegen soll. Es erzählt Geschichten von jungen Menschen der Clemens-Brentano-Europaschule in Lollar, die ihre geliebte Heimat verlassen mussten, auf der Suche nach Sicherheit und einem besseren Leben. Ihre persönlichen Geschichten sind bewegend, voller Mut und Entschlossenheit. Es sind Geschichten von Verlust und einem Neuanfang, von Herausforderungen und der Suche nach einer neuen Heimat.

Heimat – ein Wort von tiefer Bedeutung, das uns alle auf vielfältige Weise berührt. Das Thema Heimat begleitet mich selbst schon mein Leben lang. Mein Vater selbst erlebte 1980 die Herausforderungen der Flucht, als er aus seiner Heimat Afghanistan nach Deutschland fliehen musste. Er sprach immer von einer Heimat, in die er wieder zurückkehren wollte. Seine Heimat war Afghanistan, meine Deutschland. Als junges Mädchen habe ich nie verstanden, warum er zurück in die »alte« Heimat wollte. 2011 verstarb mein Vater. Viel zu früh. Ich hatte meinen Vater bis dahin nicht gefragt, warum Deutschland nie seine Heimat geworden war. Heute ist es zu spät!

Erst als Intensivklassenlehrerin an der CBES wurde mir bewusst, welche bedeutende Rolle das Thema Heimat für geflüchtete Menschen spielt. Erst durch meine Schüler*innen, die selbst ihre Heimat verlassen mussten, habe ich verstanden, wie mein Vater sich gefühlt haben muss, seine alte Heimat hinter sich zu lassen, mit der Hoffnung, wieder zurückzukehren.

Seit 2021 unterrichte ich Deutsch als Zweitsprache (DaZ) und unterstütze Schüler*innen, die seit kurzer Zeit in Deutschland leben, beim Erwerb der deutschen Sprache und bei der Integration in Schule und Gesellschaft.

Zu einer erfolgreichen Integration gehört es nicht nur, eine neue Sprache zu erlernen und sich mit der neuen Heimat zu beschäftigen, es gehört eben auch dazu, über die »alte« Heimat sprechen zu dürfen.

Für Schüler*innen nicht-deutscher Herkunftssprache kann das Erzählen von Geschichten über ihre Heimat und ihre Kultur eine Möglichkeit sein, ihre Identität zu bewahren und ihre kulturellen Werte und Traditionen zu teilen.

Im Herbst 2022 beschäftigten sich meine Schüler*innen über mehrere Wochen und Monate im Projektunterricht mit dem Thema »Heimat«. Dabei stellten sich die Fragen »Was ist Heimat«? und »Was bedeutet Heimat für mich persönlich?«. Zunächst wurden Plakate und Collagen dazu erstellt und im zweiten Schritt setzte sich ein Teil der Schüler*innen künstlerisch mit dem Thema Heimat auseinander. Eine weitere Gruppe schrieb ihre Fluchtgeschichten auf.

Als ich das erste Mal die Geschichten meiner Schüler*innen las, war ich zutiefst berührt von ihren Schicksalen. Gemeinsam beschlossen wir, dass ihre Geschichten gehört werden müssen! Mir wurde bewusst, dass ich meinen Schüler*innen Raum für sich selbst geben muss, damit sie über das Erlebte sprechen konnten. Das ist das, was ich als Lehrerin dieser Schüler*innen tun kann: Raum schaffen, damit sie gehört und wahrgenommen werden.

Ebendas soll dieses Buch *Unsere Geschichten – Die Flucht in eine fremde Heimat* mit seiner Sammlung von Fluchtgeschichten erreichen. Es versammelt Erfahrungen und Reflexionen aus den verschiedenen Perspektiven meiner Schüler*innen. Mit diesem Buch möchte ich all jenen Menschen eine Stimme geben, die ihre geliebte Heimat verlassen mussten.

Ich hoffe, dass dieses Buch dazu beitragen wird, solche Geschichten zu teilen und Verständnis für die Menschen zu wecken, die sich in der Fremde eine neue Heimat aufbauen.

Ich danke meinen Schülerinnen und Schülern für ihren Mut, ihre Offenheit und ihre Bereitschaft, ihre persönlichen Fluchtgeschichten zu teilen. Denn das Teilen von Fluchtgeschichten ermöglicht es uns, in die Schuhe der Betroffenen zu schlüpfen, ihre Emotionen zu verstehen und ihre Perspektiven zu würdigen. Es eröffnet uns die Möglichkeit, eine tiefere Verbindung zu den Menschen herzustellen, die auf der Flucht sind und Empathie für ihre Situation zu entwickeln.

Das Teilen von Fluchtgeschichten erinnert uns auch daran, wie wichtig es ist, Menschen auf der Flucht willkommen zu heißen und ihnen Unterstützung anzubieten. Es ermutigt uns, über den Tellerrand zu blicken und uns für die Rechte und das Wohlergehen von geflüchteten Menschen einzusetzen.

In einer Zeit, in der die Welt zunehmend von Konflikten, Naturkatastrophen und wirtschaftlichen Krisen geprägt ist, sind Fluchtgeschichten relevanter denn je. Sie erinnern uns daran, dass wir alle Teil einer globalen Gemeinschaft sind und Verantwortung tragen, uns für eine gerechtere, mitfühlendere Welt einzusetzen!

Meinen Schülerinnen und Schülern möchte ich sagen: Ihr seid die wahren Helden dieser Geschichten und eure Offenheit und Bereitschaft, eure Erfahrungen zu teilen, haben dieses Buch erst möglich gemacht. Eure Geschichten sind inspirierend und erinnern uns daran, wie wichtig Empathie und Verständnis in unserer Welt sind. Ihr seid großartig!

Ich danke dem Büchner-Verlag, der es ermöglicht hat, diese Geschichten in Buchform zu veröffentlichen. Eure Unterstützung und euer Glaube an dieses Projekt haben es erst möglich gemacht, diese wichtigen Geschichten mit einer breiteren Öffentlichkeit zu teilen.

Ich danke unserem Schulleiter, Andrej Keller, der dieses Buchprojekt unterstützt und mich ermutigt hat. Die besondere Art und Weise, wie Vielfalt und Inklusion an der CBES gelebt werden, haben den Weg für diese Arbeit geebnet.

Im Besonderen möchte ich meiner lieben Kollegin Wiebke Meuser für ihre ständige Unterstützung und die Möglichkeit, um Rat zu fragen, danken. Sie ist die Profilschulbeauftragte für Kulturelle Bildung in der Sparte Literatur an der CBES: Deine Expertise hat mir in so vielen Momenten geholfen, die Herausforderungen dieses Projekts zu bewältigen. Ich bin dir sehr dankbar, dass du mich auf diesem Weg begleitet hast.

Sultana Barakzai
Lollar, im November 2023

Chaima Kenaou

Am 3. August 2014 begann einer der schlimmsten Abschnitte meines Lebens. Denn das war der Tag, an dem meine Kindheit endete. An diesem Tag griff nämlich der Islamische Staat den Irak an und zerstörte das Leben vieler Menschen. Familien wurden auseinandergerissen und getötet. Frauen wurden vom IS verschleppt und anschließend auf Märkten und über Facebook verkauft. Der Islamische Staat beleidigte unsere Religion (das Jesidentum) und bezeichnete uns als Unreine und wollte, dass wir unsere Religion aufgeben.

Ich war ein einfaches, unreifes Mädchen, welches ein bescheidenes Leben mit ihrer Familie führte. Ich half mit meinen sieben Jahren bei verschiedenen Arbeiten mit, obwohl ich auch zur Schule ging. Ich hatte im Gegensatz zu meinen Freunden das Glück, eine Schule besuchen zu können. Die Schule war zu der damaligen Zeit mein Lieblingsort. Ich empfand sie als spannend und wollte fürs Leben lernen. Ich wollte nicht so enden wie meine Mutter, meine Schwestern und meine anderen Freundinnen. Damit will ich nicht sagen, dass ich etwas Besseres bin als sie, aber so ein Leben wollte ich, seit ich denken kann, nicht haben. Ich liebte mein Dorf, dennoch wollte ich in die für mich richtige Welt. Ich hatte kein Bedürfnis danach, den Vorstellungen meiner Eltern zu entsprechen. Ich wollte schreiben, lesen und rechnen können. Vor allem wollte ich frei und glücklich sein. Obwohl ich erst acht Jahre alt war, hatte ich große Träume, die ich unbedingt erreichen wollte und von denen nur meine beste Freundin wusste. Mit niemand anderem konnte ich darüber reden, ohne dass ich für verrückt gehalten wurde. Ich hatte den Eindruck, dass die Menschen um mich herum keine Ziele und Träume hatten. Jeden Tag durchliefen sie den gleichen Tagesablauf. Ihr Tag bestand nur aus Arbeiten und Schlafen. Obwohl sie nicht viel hatten, waren die meisten zufrieden, denn sie kannten es nicht anders. Sie hatten ihre Familien und ihre Arbeit und das reichte ihnen. So ein Leben wollte ich nicht leben, erzählte ich meiner besten Freundin um zwei Uhr nachts auf dem Dach unseres Hauses im Irak. An heißen Tagen schliefen wir immer auf Dächern, weil es in den Häusern unerträglich warm war.

In dieser Nacht hatte niemand geschlafen. Denn es herrschte eine angespannte Atmosphäre. Wir sahen immer wieder Nachrichten von Anschlägen im Fernsehen und verdrängten alle Fragen, die uns beschäftigen, weil wir das Gefühl hatten, es sei am sichersten, sich einfach still zu verhalten. Der Islamische Staat hatte ein paar Stunden zuvor die Nachbardörfer überfallen und 1.000 Menschen aus ihren Häusern in Richtung Gebirge getrieben. Die Daesh-Männer töteten alle, die sich weigerten zum Islam zu konvertieren oder die Flucht zu ergreifen. Die Menschen, die nicht schnell genug flohen, wurden vom IS festgenommen. Sie schossen oder schnitten die Kehlen der Menschen durch, wenn sie nicht das machten, was der IS wollte. Der IS hatte Straßen gesperrt, um Menschen an der Flucht zu hindern. Die kurdische Regierung, die uns versprochen hatte, uns zu beschützen, ergriff selbst die Flucht. Die Älteren verstanden einfach nicht, warum sie verschwunden waren, ohne uns zu warnen, uns mitzunehmen oder uns wenigstens dabei zu helfen, uns in Sicherheit zu bringen. Zum Glück hat meine Familie vom Kommen des IS rechtzeitig erfahren. Somit konnten wir fliehen. Familien, die Autos und Lkws besaßen, hatten extremes Glück. Für die anderen war es ganz schlimm und im Endeffekt wurden diese Menschen auch zurückgelassen. Wir packten die wichtigsten Sachen ein und ließen unser altes Leben hinter uns. Im Auto sagte mir mein Vater, dass wir sicherlich bald nach Hause kommen würden. Er meinte, wir würden nur für paar Tage in die Berge gehen. In diesem Moment glaubte ich ihm das nicht, denn mir war bewusst, wie schlimm die Lage war. Wenn man richtig hinsah, konnte man von Weitem IS-Fahrzeuge sehen. Es fuhren mehrere Autos hintereinander. Überall in diesen Fahrzeugen wurden schwarze Fahnen hochgehalten. Außerdem waren die Männer mit bedeckten Gesichtern ganz in Schwarz gehüllt. Das jagte nicht nur mir Angst ein, sondern auch meinen Mitmenschen. Wir waren von IS-Kämpfern umgeben. Im Dorf herrschte Anspannung. Man konnte durchaus sehen, dass die Bewohner sich gar nicht mehr sicher fühlten. Die Flucht war für viele Menschen eine einzige Qual. Tagsüber war die schlimme Hitze nicht auszuhalten und in den Nächten war es kalt. Das Gehen wurde immer anstrengender. Mein Körper schmerzte. Es gab nichts zu essen und zu trinken. Wir ernährten uns teilweise von Früchten und Blättern von den Bäumen. Aus diesem Grund starben viele Menschen auf den Straßen. Auf den Straßen blieben ihre Sachen zurück. Die Menschen verloren ihre Kraft. Ihre ganze Energie und Kraft steckten sie in ihr Überleben, doch viele schafften es nicht.

Bei einer kurzen Pause beobachtete ich die Menschen, die umherliefen. Die Menschen, welche am Straßenrand saßen und so hilflos und schwach aussahen. Viele Ältere waren schon bereits am Straßenrand gestorben. Während ich dort mit meiner Oma saß, welche meine Brüder getragen hatte, weil sie zu schwach waren, um zu laufen, sah ich eine Frau Mitte zwanzig. Die Frau war in einem schlechten Zustand und trug ein kleines Kind, welches in ihren Armen weinte. Anschließend legte die Frau das kleine Kind am Straßenrand nieder und lief einfach weiter, ohne sich einmal umzudrehen. Das kleine Kind lag da weinend. Die Menschen liefen an dem Kleinen vorbei und schienen es nicht zu bemerken. Ich bin mir nicht mal sicher, ob meine Familie das mitbekommen hatte. Die Menschen hatten Angst, festgehalten zu werden. Sie liefen durch die Straßen ohne ein Ziel. Sie waren erschöpft, das konnte man vor allem daran erkennen, weil keiner mehr auch nur den Anschein eines Funkens Freude versprühte. Vielleicht wurde ihnen aber auch erst da klar, dass sie alles verloren hatten und alles, was sie besaßen, jetzt dem IS gehörte. Mit der Zeit verging den Menschen die Lust zu reden. Somit war jeder in seinen Gedanken versunken. Man hörte nur kleine Kinder, die nicht begriffen, was vor sich ging. Meine Familie hatte das große Glück und wir konnten überleben. Wir verließen am 3. August 2014 unser Zuhause und wurden somit Obdachlose. Aber nicht jeder hatte das Glück und konnte entkommen.

Wir verbrachten genau 29 Tage auf den Straßen von Kurdistan. An guten Tagen bekamen wir von den Zivilisten Essen und Trinken und an schlechten Tagen, an denen wir nichts zu essen bekamen, versuchten wir, so schnell wie möglich zu schlafen, um das Gefühl von Hunger nicht zu lange ertragen zu müssen. Viele Familien machten sich auf den Weg in die Türkei. Es hatte sich nämlich herumgesprochen, dass die Migranten in der Türkei in Flüchtlingsunterkünften untergebracht und gut versorgt würden. Meine Familie folgte der Menge und es dauerte über 24 Stunden, bis wir in der Türkei ankamen. Genauer gesagt kamen wir am 6. September 2014 in Izmir an. Das türkische Militär nahm uns bis zum 6. Dezember 2015 auf. Wir wurden dort im Flüchtlingsheim gut versorgt. Jede Familie bekam eine Karte, auf der Geld war. Jeden Monat bekam jede Person ungefähr 25 Euro. Wir konnten dann im Flüchtlingsheim Lebensmittel einkaufen. Aus unerklärlichen Gründen durften wir das Heim nicht verlassen.

Die Menschen im Heim wollten weiterziehen. Sie wollten nach Europa und deshalb sorgten sie für Unruhen im Heim, damit die Soldaten uns erlaubten, das Heim zu verlassen. Am 6. Dezember 2015 protestierten die Leute im Heim stark gegen die Soldaten. Dabei kamen Menschen um und es gab Dutzende Verletzte. Dennoch schafften es viele Familien, aus dem Heim zu flüchten, und glücklicherweise war meine Familie eine von ihnen!

Draußen angekommen verkauften wir unsere Sachen, um uns Busfahrkarten zu leisten, mit welchen wir nach Istanbul fahren konnten. In Istanbul angekommen, versteckten wir uns in privaten Wohnungen. In den Wohnungen waren sehr viele Menschen und dementsprechend waren sie sehr dreckig. Wir verkauften alles, was wir noch besaßen. Auch meine Mutter verkaufte ihren geliebten Schmuck, damit wir vorankamen.

Wir warteten, bis uns der Mann, der dafür zuständig war, uns nach Griechenland zu bringen, ein Zeichen gab. Er meinte, wir sollten uns ganz leicht anziehen und zum Meer kommen. Wir warteten die ganze Nacht am Meer auf das

Boot. Es war sehr kalt und wir waren ganz leicht angezogen. Ich weiß bis heute noch, wie ich zitternd in den Armen meiner Mutter lag, die ebenfalls zitterte. Meine Mutter versuchte, zielstrebig meinen Zwillingsbruder und mich mit ihrem Kleid zu wärmen, was natürlich nicht so gut klappte. Ich stellte damals schon fest, wie wichtig Familie doch ist. Meine Eltern sagen heute, dass sie nur wegen uns (ihren Kindern) nicht aufgegeben haben. In dieser Zeit war die Familie eine große Hilfe, denn man gab sich Halt, Hoffnung und Kraft.

Uns wurde gesagt, wir sollten nicht viel anziehen und überhaupt kein Gepäck mitnehmen, damit mehr Menschen ins Boot passen konnten. Es waren dreißig Personen in einem kleinen Boot. Ich erinnere mich noch ganz genau, wie mich ein Mann einfach in das Boot hineinwarf. Ich lag hinten eingequetscht zwischen fremden Menschen. Meine Familie war recht weit vorne. Erst versuchte ich, zu meiner Mutter zu kommen, da ich schreckliche Angst hatte. Jedoch packte mich ein fremder Mann am Arm und zog mich zu meinem alten Platz zurück und meinte, ich solle mich nicht bewegen und still bleiben. Meine Angst wuchs dadurch nur noch mehr. Ich weinte die ganze Fahrt über leise. Als ich dann auch spürte, wie ich am ganzen Körper nass wurde, geriet ich in Panik. Es kam immer wieder viel Wasser ins Boot, sodass wir danach klitschnass waren. Die Stimmung im Boot war schrecklich! Die Kinder weinten und die Eltern versuchten, sie zu beruhigen, denn wir durften keine Geräusche von uns geben, da wir ganz genau wussten, dass sich auf dem Meer türkische Boote befanden. Sie versuchten, die Migranten davon abzuhalten, nach Griechenland zu fahren. Wir waren drei Stunden im Boot auf dem kalten Meer in der Dunkelheit. In Griechenland angekommen, verbrachten wir mehrere Stunden im Wald, bis uns Ehrenamtliche zu Hilfe kamen. Sie hatten Essen, Trinken und Kleidung für uns mitgebracht. Auch begleiteten sie uns in ein Flüchtlingslager, wo wir genau zwei Tage waren, bis wir weitermussten. Zwei Tage lang haben wir versucht, Geld zu sammeln, damit wir uns Tickets leisten könnten. Nachdem wir das Geld dann gesammelt hatten, kauften wir Tickets für ein Schiff. Wir sind damit über 14 Stunden nach Athen gefahren.

Von Athen fuhren wir mit einem Bus nach Mazedonien und von Mazedonien weiter nach Serbien. In Serbien nahmen wir einen Zug nach Kroatien und von dort einen Bus bis nach Österreich über Slowenien. Anschließend kamen wir nach Deutschland. Der ganze Weg dauerte sieben Tage! Am 13. Dezember 2015 sind wir um zwei Uhr morgens in Deutschland angekommen.

Man hat uns dann in Hessen in Darmstadt in einer großen Sporthalle untergebracht. Dort verbrachten wir zwei Monate, bis sie uns für fünf Monate in einer neuen Flüchtlingsunterkunft unterbrachten. Dort steckte man uns zu neunt in ein kleines Zimmer. Es störte uns nicht so, denn wir hatten in dem Moment immerhin ein Dach über dem Kopf. Des Weiteren bekamen wir drei Mahlzeiten am Tag. Was wollten wir in diesem Moment mehr? Nichts! Anschließend bekamen wir eine Wohnung in Hüttenfeld.

Wir alle arbeiteten an uns selbst, versuchten, uns an alles zu gewöhnen, gingen alle das erste Mal in Deutschland zur Schule. Wir versuchten, die Sprache zu lernen und uns hier einzuleben. Ich besuchte ein halbes Jahr lang eine DaZ-Klasse, bis ich dann in eine normale Klasse wechselte. Ich fand schnell zwei gute Freundinnen, Paula und Lizzy. Beide verbrachten mit mir auch außerhalb der Schule sehr viel Zeit. Sie luden mich zu sich nach Hause ein und wir verbrachten auch sehr viel Zeit miteinander auf dem Spielplatz. Außerdem lernten sie viel mit mir. Die Mütter von Paula und Lizzy (Silke und Steffi) halfen mir bei den Hausaufgaben und lernten mit mir für Arbeiten. Ich weiß noch ganz genau, wie Paulas Mutter mit mir für ein Referat übte oder wie Lissys Mutter mit mir Sachkunde lernte.

Ansonsten nahmen sie mich überallhin mit. Sie nahmen mich mit zum Fußball und Tischtennis. Ich fing an, viel Tischtennis zu spielen. Tischtennis machte mich wirklich glücklich. Nach einer Zeit nahm ich auch an Wettbewerben teil und konnte gut mithalten. Ich war froh. Ich hatte zwei beste Freundinnen, die ich wirklich sehr mochte und die immer für mich da waren. Wegen den beiden hatte ich doch eine normale Kindheit. Ich werde nie vergessen, was Paulas Familie und Lizzys Familie für mich getan haben. Keine Worte der Welt können beschreiben, wie unglaublich dankbar ich dafür bin. Durch sie konnte ich wieder lachen und glücklich sein. Sie haben mir gezeigt, dass die Welt nicht nur aus bösen Menschen besteht, wie ich es davor geglaubt hatte.

Am 26. Dezember 2017 sind wir von Hüttenfeld nach Lollar umgezogen. Aktuell besuche ich die elfte Klasse der Clemens-Brentano-Europaschule in Lollar.

Momentan könnte es mir nicht besser gehen. Trotz all dem, was ich erlebt habe, bin ich glücklich.

Hania Shojaee

Mein Name ist Hania. Ich bin Afghanin, aber im Iran geboren. Ich bin 14 Jahre alt und wohne in Gießen. Ich habe vier Geschwister. Seit einem Jahr lebe ich in Deutschland. Meine Hobbies sind Lesen, Musikhören und Spazierengehen. Ich erzähle Ihnen meine Geschichte.

Aufgrund großer familiärer Probleme mussten meine Eltern damals unsere Heimat Afghanistan verlassen und sind in den Iran geflohen. Genau ein Jahr später wurde ich geboren. Auch meine Geschwister sind im Iran geboren.

Wir lebten neun Jahre mit viel Angst, weil es große familiäre Probleme gab. Irgendwann war die Angst so groß, dass wir in die Türkei flüchteten. Wir flüchteten zu Fuß. 24 Stunden sind wir gelaufen, ohne Wasser und ohne Essen. Dann waren wir an der türkischen Grenze. Wir wollten gerne in der Türkei bleiben. Doch auf dem Amt gab man uns keine Ausweise.

Mein Bruder war auf der Flucht erkrankt und brauchte ärztliche Hilfe. Die war teuer, das konnten wir nicht bezahlen. Wir nahmen mit Menschenschmugglern Kontakt auf. Wir wollten versuchen, mit dem Boot nach Griechenland zu kommen. Die Menschenschmuggler nahmen dafür sehr viel Geld und alles, was viel wert war. Sie nahmen von allen Menschen dort Geld, die Hilfe suchten.

Dann stiegen wir in ein Auto, das uns in die Berge in ein Haus brauchte. Dort waren schon viele Menschen. Ich sprach mit ihnen und sie kamen auch, weil sie flüchten wollten. Sie erzählten mir mit sehr viel Angst von dem schrecklichen Meer Griechenlands. Sie hatten es schon gesehen. Die Angst war so stark, dass ich meinen Vater umarmte und ihn bat, nicht zu gehen. Er sagte: »Wir müssen gehen, wir bekommen keine Ausweise in der Türkei. Ich weiß, du hast große Angst, aber ich bin bei dir.«

Dann war es eines Abends so weit. Die Menschenschmuggler brachten uns ein Stück schimmeliges Brot und ein rohes Ei. Es hat so gestunken, aber ich musste es essen, ich war sehr hungrig. In der Nacht holten sie uns ab und wir mussten in einen Lkw steigen, der eigentlich Hühner transportierte. Wir saßen in der Mitte, links und rechts von uns waren viele Hühner. Es war so schlimm.

Am Strand stand ein kleines Boot für sechs oder sieben Personen. Wir waren aber 40 Menschen, die in das Boot wollten.

Wir waren fünf oder sechs Stunden auf dem Meer und dann sah uns die griechische Polizei und nahm uns auf. Sie brachten uns in ein Haus und gaben uns etwas zu essen und Kleidung.

Ich war sehr glücklich.

Nach drei Tagen kamen wir dann im Camp auf Samos an. Wir lebten dort circa einen Monat. Es war sehr schlimm dort. Es gab oft Schlägereien. Die Schlange beim Essen war immer sehr lang und es gab nicht genug Essen für alle. Wir mussten um fünf Uhr morgens da sein, um etwas zu Essen zu bekommen.

Nach diesem Monat im Camp fuhren wir nach Athen. In Athen bekamen wir Papiere und wurden in einem Hotel untergebracht. Nach kurzer Zeit mussten wir wieder in ein Camp (Thiva). Hier lebten wir drei Jahre in einem Container mit zehn Personen. Das war oft sehr schwierig. Es gab auch keine Schule. Jede Nacht gab es auch hier Schlägereien und Messerstechereien. Die Menschen tranken viel Alkohol und waren sehr aggressiv. Es kam keine Polizei, keine Ambulanz und keine Feuerwehr. Auch sie hatten Angst vor diesen Menschen.

Endlich, nach drei Jahren, bekamen wir Ausweise und konnten nach Deutschland reisen. Wir flogen zuerst nach Italien und von dort fuhren wir mit dem Bus nach München zu Bekannten. Nach ein paar Tagen fuhren wir weiter nach Bremen in ein Camp. Es war ein sehr sauberes Camp. Wir bekamen gutes Essen. Nach zwei Tagen bekamen wir dann die Nachricht, dass wir nach Hessen kommen würden.

Wir kamen in Limburg in einem kleinen Camp an. Nach einem Monat kamen wir nach Staufenberg und lebten in einer Gemeinschaftsunterkunft.

Seit dem 12. September 2022 lebe ich mit meiner Familie in einer Wohnung in Lollar. Ich bin so glücklich, alles liegt hinter mir. Wir sind jetzt in Sicherheit!

Das ist meine Geschichte, das ist mein Leben! Sei niemals schwach im Leben, tu was du willst, du schaffst das!

Kateryna Klymenko

An alle Hallo. Mein Name ist Kateryna! Ich bin 16 Jahre alt und komme aus der Ukraine. Ich werde euch meine Geschichte erzählen. Obwohl dies nur meine Geschichte sein wird, möchte ich mit diesem Text zeigen und erzählen, was die Ukrainer gefühlt haben. Jetzt wohne ich in Daubringen bei Gießen. Meine Mutter, Oma und ich sind im April 2022 nach Deutschland gekommen. Wir sind also seit sechs Monaten hier. Vor sechs Monaten hat sich mein Leben komplett verändert. Ich hätte nicht gedacht, dass wir so lange hierbleiben würden.

Ich bin aus Nikopol von zu Hause weggegangen, weil wir am 24. Februar 2022 um vier Uhr morgens von Explosionsgeräuschen aus anderen Städten aufgewacht sind. Mutter sagte, der Krieg habe begonnen. Russland hat uns angegriffen. Städte wurden bombardiert. Häuser, Krankenhäuser, ganze Städte brannten und brennen noch. Diese Panik werde ich nie vergessen, das Gefühl, dass man sich jetzt von allem verabschieden muss, dass man gleich sterben könnte.

Die ersten zwei Wochen lebten wir als ganze Familie im Haus unserer Verwandten, weil wir uns dort im Keller versteckten. Es war wie ein schrecklicher Traum. Wir haben nicht geschlafen. Nicht gegessen. Unser Tag verging damit, die Nachrichten durchzuscrollen, und beim Sirenengeheul gingen wir in den Keller. Zum ersten Mal in meinem Leben fühlte ich ein so klares Verständnis, dass ich vielleicht nie wieder aufwache.

Nikopol liegt gegenüber dem Kernkraftwerk, das am dritten Tag nach Kriegsbeginn besetzt wurde. Wir bekamen Tabletten für den Fall einer Atomkatastrophe, aber natürlich wussten alle, dass sie nicht helfen würden.

Wir haben allen geholfen, so gut wir konnten. Wir haben Essen für Soldaten gemacht, Handschuhe gestrickt und Geld geschickt.

Später kamen wir in unser Haus zurück, wo wir uns im Badezimmer versteckten. Wir lebten noch ein paar Wochen so, und dann entschieden wir uns, zu gehen. Ich wollte nicht.

Es tut weh. Ich kann nicht beschreiben, wie schmerzhaft es war, sich von meinem Vater, meinen Freunden und meiner Schwester zu verabschieden. Ich nahm nur einen kleinen Koffer mit dem Nötigsten mit. So viele Dinge, die der Seele wichtig sind, sind zu Hause geblieben. Ich hatte zwei Tage: einen, um mich von meinen Freunden zu verabschieden, und einen, um zu packen. Diese Tage waren voller Tränen.

Der Weg hierher war ein blinder Schritt. Wir sind irgendwohin gefahren, lange und hart. Fremde halfen uns, wir übernachteten in fremden Wohnungen in Polen und Deutschland.

Das Lustige ist, dass wir eigentlich gerade in Stuttgart sein sollten, aber wir verpassten diesen einen Bus. Wir wurden von verschiedenen Freiwilligen aus der ganzen Welt unterstützt. Deutsche, Polen, Amerikaner, Tschechen – sie alle haben sich um uns gekümmert. Wir landeten in einem Flüchtlingslager, aber es war überfüllt, weil in der Ukraine schreckliche Dinge passierten.

Da wir zu spät kamen, mussten wir zwei Tage später auf den nächsten Bus warten. Wir dachten daran, nur auf Stühlen zu schlafen. Wir beschlossen, in einem 15 km entfernten Hostel zu übernachten, also nahmen wir ein Taxi dorthin, aber der Besitzer weigerte sich, Kartenzahlungen zu akzeptieren. Da wir nachts in Polen angekommen waren, hatten wir kein Bargeld.

Glücklicherweise brachte uns ein freiwilliger Helfer nachts zu seinem Haus in Polen, 50 km entfernt. Dort hatten wir uns, ohne es zu merken, mit dem Coronavirus angesteckt. Da wir zwei Tage überhaupt nicht geschlafen hatten, wurde das Bett für uns zum Luxus.

Ein paar Tage später kamen wir in Frankfurt an und blieben in einem Hotel, wo wir auf unsere Gastfamilie warteten.

Wir trafen die Familie, die das Projekt #liftukraine leitet. Das Projekt hilft Ukrainern bei der Evakuierung.

Wir wussten noch nichts von Covid, als wir bei ihnen zu Hause waren, also haben wir sie angesteckt und noch ein paar Tage bei ihnen gelebt.

Nach einer sehr langen Wohnungssuche leben wir endlich in einer eigenen Wohnung. Jetzt haben wir eine Wohnung und ich habe mein eigenes Zimmer. Aktuell studiere ich an zwei Schulen. Es ist schwer für mich.

Ich habe Freunde, die ich in der Deutschschule kennengelernt habe.

Ach übrigens, ich studiere hier in der DAZ-Klasse an der Clemens-Brentano-Europaschule in Lollar. Diese Klasse hat mir viel gegeben und mir beim Deutschlernen sehr geholfen. In fünf Monaten bin ich auf dem Niveau A1–A2, trotz der Tatsache, dass ich davor nie Deutschunterricht hatte. In dieser Schule habe ich Unterstützung und Verständnis erhalten.

In meiner Freizeit gehe ich mit Mädchen aus Charkiw aus. Sie sind mir sehr vertraut geworden. Und obwohl mein Leben mittlerweile eher eine Kette aus Schule – ukrainischer Schule – Hausaufgaben – Prüfungsvorbereitung – und Nachrichtendurchscrollen ist, strebe ich nach wie vor danach, etwas Gutes und Schönes im Leben zu finden. Ich merke, dass ich oft mit meiner besten Freundin Natali im Internet spreche. Sie ist bei mir, obwohl sie so weit entfernt ist.

Natürlich war die Flucht nach Deutschland schwierig, weil wir auf einen so plötzlichen Wechsel von Land, Kultur und Sprache nicht vorbereitet waren. Freiwillige halfen uns, so gut sie konnten. Es ist sehr gut, dass ich Englisch kann, denn nur so konnte ich Probleme lösen. Wir fühlten uns verwirrt.

Nach kurzer Zeit fing ich an, mich ehrenamtlich in der Organisation #liftukraine zu engagieren, mit der wir hierher gekommen sind. Diese Leute sind echte Helden, die coole Dinge tun. Am meisten half uns ein deutscher Freiwilliger, sein Name ist Sven. Er ist mir in dieser Zeit ein wahrer Freund geworden. Ich weiß wirklich nicht, wie wir hier ohne ihn überleben würden. Jetzt fühle ich mich ein bisschen besser, weil ich Freunde habe. Aufgrund der hohen Arbeitsbelastung melde ich mich nicht mehr ehrenamtlich, weil ich einfach keine Zeit habe.

Deutschland hat uns gut aufgenommen, obwohl es viele Schwierigkeiten gab. Ich bin dem Land sehr dankbar. Aber meine Seele will wirklich nach Hause.

Die Situation zu Hause ist sehr schwierig. Täglicher Beschuss vom gegenüberliegenden Ufer, auf den die ukrainische Armee nicht richtig reagieren kann, da die Waffen direkt auf dem Territorium des Kernkraftwerks installiert sind. Die Fenster in meiner Wohnung und in den Wohnungen meiner Verwandten sind bei Angriffen kaputtgegangen. Die Wohnungen vieler meiner Freunde wurden von Raketen getroffen.

Einige meiner Freunde und Verwandten sind noch da. Ich bin froh, in Sicherheit zu sein, aber es ist sehr schwierig, glücklich zu sein, wenn man mitten in der Nacht von verschiedenen Worten aufwacht: »Laut. Bombenangriffe. Artillerie und Hagel.«

Ich möchte, dass die Leute verstehen, dass dies noch nicht vorbei ist. Dass dies gerade jetzt in vielen Städten der Ukraine geschieht. Die Ukrainer kommen nicht wegen eines Urlaubs oder einfach, weil sie hierher wollen. Ukrainische Frauen mit Kindern kommen hierher, um ihr Leben zu retten, während ihre Männer um ihr Zuhause kämpfen.

Ich bin Ihnen sehr dankbar, dass Sie meiner Geschichte gefolgt sind. Wie ich wünschte, sie wäre nicht so …

Obaid Mirjani

Ich bin Obaid, ich bin 15 Jahre alt und komme aus Afghanistan. Meine Lieblingsfarben sind blau und weiß, meine Hobbies sind Sport und Spazierengehen. Ich lebe seit 2021 in Deutschland. Also seit ungefähr einem Jahr.

Ich lebte mit meiner Familie in Afghanistan und wir hatten ein gutes und friedliches Leben. Dort bin ich zur Schule gegangen und nach der Schule habe ich einen Englischkurs besucht. Das Leben lief immer noch sehr gut, aber dann passierte meiner Familie etwas sehr Schlimmes. Nach diesem Tag stand alles auf dem Kopf, die guten Tage wurden zu schlechten Tagen und wir mussten die Stadt verlassen, unser Land Afghanistan.

Wir zogen von Afghanistan in den Iran. Wir verbrachten zwei Tage in einem Hotel in der iranischen Stadt Mashhad. Dann fuhren wir weiter mit dem Zug in die Hauptstadt Irans, Teheran. Von Teheran sind wir mit dem Taxi zum Haus meiner Großmutter gefahren und haben dort einen Monat verbracht. Der Iran ist immer noch ein gutes Land und ein Nachbar von Afghanistan und hat herzliche Menschen. Aber weil wir uns dort kein Leben aufbauen konnten, mussten wir in die Türkei ziehen. Als wir weggingen, war unsere einzige Hoffnung, ein friedliches Leben zu erreichen. Es gab ein Dorf an der Grenze zwischen dem Iran und der

Türkei. Wir blieben dort für zwei Tage und dann kamen wir in der Türkei an.

Zwei Monate lang lebten wir in der Türkei in einem Haus, das von unseren Freunden gemietet wurde. Nur ein Familienmitglied konnte rausgehen und Essen kaufen, weil die Situation in der Türkei nicht gut war und wir Angst hatten, von der Polizei festgenommen zu werden und wieder zurück in unser Land geschickt zu werden. Nach zwei Monaten fuhren wir mit einem Schlauchboot nach Griechenland und mitten im Wasser war die Situation sehr kritisch, weil die Wellen sehr groß waren und wir fast ertranken. Es kam Hilfe und wir wurden gerettet und erreichten Griechenland. Wir dachten zuerst, dass wir eine kurze Zeit in Griechenland verbringen würden, ohne zu wissen, dass die Bedingungen schlecht waren. Wir lebten dann drei Monate in einem Zelt, bis sie uns einen Heimcontainer gaben und wir anderthalb Jahre dort lebten. Bei meinem Vater wurde zu dieser Zeit eine Herzkrankheit diagnostiziert und als die Operation durchgeführt wurde, sagte der Arzt, dass wir in ein Land mit guten Ärzten umziehen sollten, weil die nächste Operation fünf Stunden dauern würde und sie diese Herzoperation nicht durchführen könnten. Später mussten wir meinen Vater mit dem ersten Flugzeug nach Deutschland schicken. Ich bin gemeinsam mit meiner Mutter und meinen Geschwistern in Griechenland geblieben.

In Griechenland lebten wir in dem Malakasa-Camp, einem Camp mit dreitausend Menschen. Alle möglichen Leute lebten dort und die Bedingungen waren sehr schlecht. Jede Nacht gab es Krieg und niemand hatte ein friedliches Leben. Es gab sehr wenig Arbeit und wir waren alle arbeitslos und entschieden uns schließlich, nach Deutschland zu gehen. Nach mehreren Versuchen konnten wir dann mit dem Flugzeug nach Polen reisen.

Unter großen Schwierigkeiten bekamen wir dann Busfahrkarten und erreichten endlich Deutschland. Wir fuhren in das allgemeine Flüchtlingslager nach Gießen. Nach zwei Tagen wurden wir dann aber in die Stadt Büdingen verlegt. Wir waren fünf Monate dort und durften das Lager nicht länger als für drei Tage verlassen. Jeden Tag bin ich eine Stunde in einen Sprachkurs gegangen und habe die deutsche Sprache gelernt und nach fünf Monaten wurden wir nach Staufenberg in Gießen versetzt. Ich durfte dann zur Schule gehen und mich weiterbilden.

Ich lernte in der DaZ-Klasse an der Clemens-Brentano-Europaschule sechs Monate lang Deutsch. Ich habe mit Hilfe einer guten Lehrerin gut Deutsch gelernt. Später musste ich drei oder vier Tage in der Woche in die Regelklasse gehen. Ich bin in der Klasse 9HG teilintegriert.

Das war meine Geschichte, wie und warum ich meine Heimat Afghanistan verlassen musste.

Ros Ibrahim

Hallo, ich heiße Ros, ich bin 14 Jahre alt und wohne mit meiner Mutter, meinen Brüdern und meinen Schwestern in Gießen. Ich komme aus Syrien und bin seit einem Jahr in Deutschland. Meine Hobbys sind Malen, Lesen und Rollschuhfahren. Später, wenn ich älter bin, möchte ich Apothekerin werden. Ich will Ihnen meine Geschichte erzählen, wie ich nach Deutschland gekommen bin.

Zuerst hatte ich ein normales und glückliches Leben in Syrien, aber der Krieg begann und das Geräusch von Bomben kam von überallher. Eines Nachts gab es viele Bombengeräusche in unserer Stadt Qamischli und wir aßen gerade zu Abend. Plötzlich gingen unsere Fensterscheiben kaputt. Mein Vater war auf der Arbeit und meine Mutter holte mich und meine Geschwister sofort aus dem Haus. Wir stiegen in das Auto unserer Nachbarn und fuhren zu einem Nachbarsdorf. Ich habe während der Fahrt gezittert und hatte Angst, weil ich viel zu

jung war, um einen Krieg zu sehen und Geräusche von Bomben zu hören. Kein Mensch oder Kind verdient es, diese Angst zu erleben! Danach habe ich nichts verstanden. Aber als ich meine Mutter und meine Geschwister sah, wurde mir mit 13 Jahren klar, dass ich stark sein musste, weil ich meiner Familie nicht zur Last fallen und sie noch mehr erschrecken wollte.

Wir kamen im Nachbarsdorf Antariya an, wo keine Bombengeräusche zu hören waren. Als meine Mutter meinen Vater endlich erreichen konnte, sagte mein Vater, dass wir

wieder zurückfahren könnten, da die Situation ruhiger geworden war. Als wir wieder nach Hause fuhren und meinen
Vater sahen, hatte ich keine Angst mehr. Denn jedes Mal,
wenn ich ihn sah, fühlte ich mich sicher und wusste, dass er
alles tun würde, um uns zu beschützen.

Meine Eltern sagten uns, dass wir schlafen sollen. Doch
ich konnte überhaupt nicht schlafen, weil ich Angst hatte,
meine Familie nie wiederzusehen. Ich hoffte, dass das Ganze
ein Albtraum wäre, doch es war leider die Realität. Meinem
Vater war klar, dass wir aus Syrien flüchten müssen. Leider
verstarb er an einer Corona-Erkrankung. Meine Mutter ist

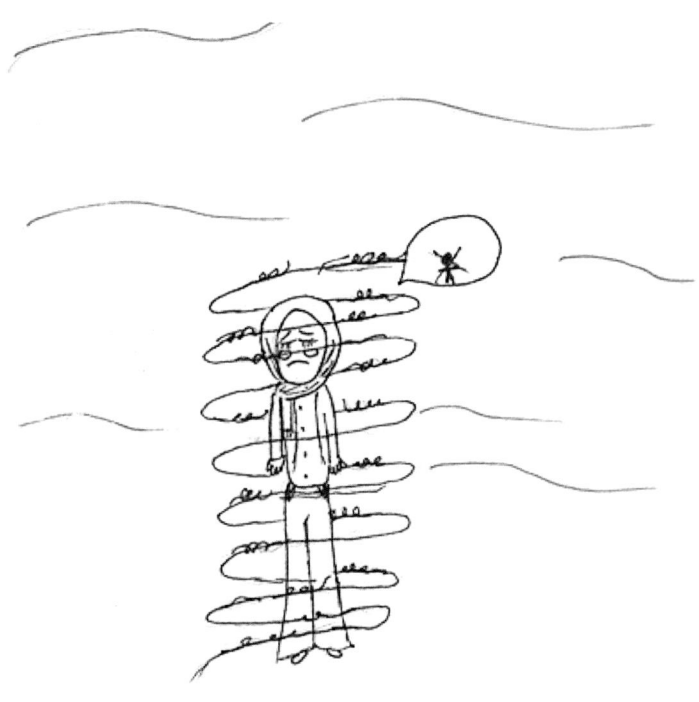

jetzt ein Vogel mit gebrochenen Flügeln. Wir waren hilflos und es war niemand mehr da, der uns beschützen konnte.

Nach einiger Zeit sprach mein Bruder mit meinem Onkel, damit er uns einen Weg findet, um nach Deutschland zu kommen. Wir hatten keine andere Wahl, weil der Aufenthalt in Syrien überhaupt nicht sicher war und jeden Moment etwas passieren konnte. Also stimmten wir zu. Ich war traurig, denn ich wollte meine Heimat, meine Stadt, meine Schule, meine Freunde und mein Haus nicht verlassen.

Eine Woche später kamen wir mit dem Auto in die Türkei. Die Türkei war wunderschön, denn das Land war

freundlich im Gegensatz zu Syrien. Wir blieben zehn Tage dort, dann machten wir uns auf den Weg nach Deutschland. Wir stiegen in einen großen Lkw. In diesem Lkw waren wir so viele Familien, dass man kaum atmen konnte. Wir blieben vier Tage lang in diesem Lkw, aber wir gingen nachts raus. Es war sehr schwierig. Dann sind wir irgendwo ausgestiegen. Uns wurde gesagt, wir seien jetzt in Deutschland.

Von dort aus sollten wir mit dem Zug fahren. Während der Fahrt war ich sehr erschöpft, aber ich begann zu realisieren, dass ich ein neues Leben anfangen konnte. Nach der Registrierung im Ankunftszentrum wurden wir in eine Gemeinschaftsunterkunft gebracht. Dort waren viele Menschen und es war überhaupt nicht leise.

Jetzt suchen wir mit meiner Familie ein Haus in Gießen. Ich hoffe, wir finden es schnell. Jetzt besuche ich mit meinem Bruder die Clemens-Brentano-Europaschule. Wir gingen zuerst in die DaZ-Klasse. DaZ-Klassen dienen dem Deutschunterricht für Kinder aus dem Ausland. Der Besuch der DaZ-Klasse war für mich wichtig und es machte Spaß. Das Wichtigste war, dass ich sehr schnell Deutsch lernte und deutsche Freunde fand. Ich fand es wichtig, eine neue Sprache zu lernen.

In die DaZ-Klasse kommen Kinder aus der ganzen Welt, zum Beispiel aus der Ukraine, der Türkei, Italien, Afghanistan, dem Iran und Syrien. In der DaZ-Klasse lernte ich jeden Tag neue Kulturen, neue Sprachen und neue Lebensmittel kennen. Die spannendste Frage für mich ist: Woher kommst du?

Ich war ungefähr neun Monate in der DaZ-Klasse, aber ich werde meinen ersten Schultag nie vergessen. Ich war sehr nervös, weil ich meinen Namen, mein Alter und meine Herkunft auf Deutsch sagen musste, aber meine Lehrerin war sehr nett. Sie hat mir geholfen. Ich habe an diesem Tag neue Freunde kennengelernt, es war ein toller Tag.

In diesem Schuljahr werde ich eine siebte Klasse besuchen. Ich gehe gerne zur Schule und freue mich, meine neuen Freunde zu sehen. In Deutschland zu sein ist eine gute Sache für mich. Endlich haben wir ein angenehmes und ruhiges Leben mit meiner Familie.

Aber es ist immer noch ein bisschen schwierig, sich an eine neue Sprache, neue Leute und eine neue Umgebung zu gewöhnen. Auch wenn ich mein neues Leben liebe, vermisse ich meine Heimat. Am meisten vermisse ich meinen Vater.

Das war meine Geschichte, durch die ich euch mitteilen wollte, wie schwer und schmerzhaft es ist, wenn man seine Heimat verlassen muss.

Oleksandr Suiarko

Hallo, mein Name ist Sasha, ich bin 15 Jahre alt und ich bin Ukrainer. Ich wurde in einem Vorort von Kiew, in der Stadt Brovary geboren. Meine Geschichte mag vage sein, da das Gehirn aufgrund des erlebten Schocks einige Erinnerungen gelöscht hat. Ich werde meine Geschichte am Tag vor der Invasion beginnen.

23. Februar 2022: Am Tag vor der großen Invasion konnte die Spannung in der Luft mit einem Messer geschnitten werden. Es gab nur Gespräche über einen möglichen Krieg. Am Abend des 23. Februar ging ich wie üblich mit meinem Vater in die Turnhalle und das Licht ging mehrmals aus, was seltsam war. Als wir nach Hause zurückgingen, sprachen wir über die Wahrscheinlichkeit eines Krieges. Aufgrund meines Optimismus sagte ich, dass sowas nicht passieren würde, leider stellte sich heraus, dass ich falschlag.

Und so wachte ich am Donnerstag, den 24. Februar um fünf Uhr fünf auf. Ich dachte, es sei ein Erdbeben, weil ich das Beben des Bodens und der Fenster im Haus spürte. Aber nein! Es waren russische Raketen.

Ein paar Sekunden später rannte ich zu meiner Mutter. In diesem Moment war mir entweder kalt oder heiß, mir war übel und mein Körper zitterte sehr. Ich hatte sogar das

Gefühl, dass meine Seele zitterte. Ich rannte zu meiner Mutter und zu meiner Überraschung: Sie saß ruhig und scrollte durch die Nachrichten. Sie hatte mich nicht geweckt, um mich nicht zu erschrecken.

Schon um acht Uhr morgens fingen wir an, zu kochen. Ständig explodierten russische Granaten am Horizont. Gegen elf Uhr riefen wir meine Schwester an, sie war zu dieser Zeit in Brovary und schlief. Die Explosionen vor dem Fenster konnten sie nicht wecken.

Nachdem sie das Telefon abgenommen hatte, sagten wir ihr, sie solle ihre Sachen packen. Eine halbe Stunde später fuhr meine Mutter nach Brovary, normalerweise brauchte sie zehn Minuten in die Stadt, und diesmal dauerte die Fahrt etwa vierzig Minuten, weil alle in den Laden gingen, um Lebensmittel zu holen und alles zu kaufen, was man braucht. Erst um sechs Uhr abends kamen meine Mutter und meine Schwester nach Hause zurück.

Wir sammelten auch Trinkwasser und normales Wasser für das Bad in verschiedenen Gefäßen. Am selben Abend bereiteten wir Essen vor und gingen in einem Zimmer schlafen; zumindest in eingebildeter Sicherheit. Wir hatten auch Kissen an die Fenster gelegt, damit die Scheiben nicht herausfliegen konnten. Es war beängstigend, zu schlafen, weil jede Sekunde eine Rakete ein Leben kosten konnte. Wir hörten immer wieder Explosionen.

Am nächsten Morgen wachte ich um sieben Uhr auf und wollte hören, ob die Bomben immer noch fielen. Leider passierte das immer noch, aber schon irgendwo weit weg. Als alle aufgewacht waren, begannen wir, darüber nachzudenken, was wir als Nächstes tun sollten. Wir beschlossen, nach Deutschland zu gehen, um unsere Verwandten zu besuchen.

Jeder sammelte, was er konnte, warme Kleidung, Geräte, Schuhe. Was seltsam war: Ich nahm einen Schraubenzieher und ein Klappmesser mit; nur für den Fall. Dann schalteten wir das Licht und die Heizung im Haus aus.

Meine Mutter rief meinen Vater an. (Kleine Anmerkung: Meine Eltern sind geschieden.) Meine Mutter bat ihn, uns alle aus Brovary zu holen und er stimmte zu. Wir fuhren mehrere Tage bis zur Grenze nach Polen, obwohl das normalerweise nur sieben bis acht Stunden dauert. Überall gab es Staus. Wir standen in einer langen Schlange von Autos. Die Schlange bewegte sich nicht.

Ich konnte mir all die besorgten Familien in den einzelnen Autos vorstellen. Ich habe ihre Sachen durch die Autofenster gesehen: Kinderspielzeug, Katzenboxen, Kleidung und so weiter ... Das ganze Leben in ein Auto gepackt!

Mein Vater fuhr uns fast bis zur Grenze und ein paar Kilometer vor der Grenze entfernt verließ er uns und ging selbst nach Lviv. Wir fuhren mit einem kleinen Bus weiter. Der Bus, mit dem wir fuhren, wurde oft vom Militär angehalten. Sie überprüften die Dokumente und sahen sich das Gepäck an. Es gab keine Sitze im Bus und wir saßen auf den Koffern, meiner war instabil und wackelte stark. Wir hatten Glück, dass wir ein neugeborenes Baby im Bus hatten. Denn so wurden wir schneller und netter kontrolliert. Die Mutter des Babys sah traurig aus.

Irgendwann blockierte ein Mann die Straße. Er sprang vor den Bus und fing an zu schreien und fragte, wieso unser Bus sich nicht in die Autoreihe stellte. Ich konnte seine Wut verstehen. Er hatte wahrscheinlich tagelang in einer Autoschlange gestanden. Dann fing er an, zu drohen, er habe eine Granate. Er wurde aber schnell vom Militär beruhigt. Zum Glück stellte sich heraus, dass er bluffte und keine Granaten hatte. Es war ein beängstigender Moment.

Dann kamen wir an der Grenze an. Auch dort gab es Warteschlangen. Wir standen mehrere Stunden da. Wir bekamen Essen und zu trinken und wurden mit dem Nötigsten versorgt. Dann stiegen wir in einen Bus nach Polen, wo uns unsere Verwandten abholten.

Wir übernachteten im Hotel. Es war so schön, im Bett zu schlafen und nicht im Auto. Meine Schwester und ich machten einen Spaziergang durch die polnische Stadt Jarosław. Am nächsten Tag fuhren wir nach Deutschland.

Ich kam am Anfang des Frühlings nach Deutschland. Mein erster Eindruck war Aufregung. Ich freute mich, moderne Städte mit guter Architektur und guter Infrastruktur zu sehen. Ich war auch beeindruckt, dass die Deutschen sehr auf die historische Vergangenheit achten. Überall gibt es verschiedene authentische Gebäude. Obwohl die ersten Monate sehr schwierig waren, mich an den Gedanken zu gewöhnen, dass ich morgens nicht in den ukrainischen Laden gehen kann, um Essen oder Medikamente zu holen.

Jetzt gehe ich auf eine deutsche Schule und es gefällt mir hier sehr gut. Es ist eine neue, schöne, moderne Schule und ich habe viele Freunde.

Da ich in der Ukraine geboren und aufgewachsen bin, habe ich viele Emotionen von dort. Ich habe noch Kontakt zu Freunden, Klassenkameraden und Verwandten aus der Ukraine. Es ist seltsam, dass ich mein Land nicht sehr vermisse. Ich vermisse meine Freunde und Verwandten, aber nicht den Ort selbst.

In der Zukunft möchte ich Programmierer werden, aber auch Youtube-Videos machen, Grundlagen der Soziologie kennen und mich in der Politik engagieren und vielleicht Präsident der Ukraine werden. Ehrgeizig? Natürlich! Aber merken Sie sich meinen Namen für alle Fälle!

Victoria Faurean

Servus! Mein Name ist Viktoria und ich bin 14 Jahre alt. Ich lebe seit einem Jahr in Deutschland. Meine Heimat ist die Republik Moldau, ein kleines Land, eingeklemmt zwischen der Ukraine und Rumänien. Meine Staatsangehörigkeit ist Rumänisch und meine Muttersprache ist auch Rumänisch.

Meine Geschichte begann vor zwei Jahren, als Corona anfing ... Es war Winter. Mein Vater verlor wegen des Krisenzustands, den diese blöde Pandemie begründet hatte, seine Arbeit. Also kam er nach Deutschland. Nach ungefähr drei Monaten, am 17. Dezember 2020, zog ich mit meinem kleinen Bruder und meiner Mutter nach Deutschland um. Hier fand ich ein großes und leeres Zimmer, in welchem ich mich sehr einsam fühlte. Es gab nur ein Bett und eine Lampe. Ich packte die Geschenke von meinen Freunden aus und fing an, diesen Raum zu verschönern. Sterne, die ich von meiner Mathelehrerin bekommen hatte, hingen am Fenster, Harry-Potter-Magnete hingen an der Metalllampe, viele Bücher ordnete ich schön auf der Fensterbank.

Und dann begann der aufregendste Teil meiner Geschichte... Neue Schule, ein neues Land, eine fremde Sprache, keine Freunde und fremde Menschen. Ich hatte Angst, mir war es peinlich und ich habe mich irgendwie

wie ein Eindringling gefühlt. Ich ging in die DaZ-Klasse der Theo-Koch-Schule in Grünberg. Meine Klassenkameraden versuchten, mit mir zu kommunizieren. Die Wahrheit war, dass niemand Englisch konnte, und die einzige Lösung war Google-Übersetzer.

Ich hatte einen sehr guten Lehrer und zwei supernette Lehrerinnen, und zwar Herrn Gehle, Frau Müller und Frau Jung. Sie halfen mir mit der Sprache und bei der Eingliederung in die neue Welt. Mit der Zeit lernte ich meine Klassenkameraden kennen. Dann habe ich neue Freunde auf dem Schulhof, bei der Bushaltestelle und im Bus gefunden.

Wegen des Stresses, den ich bis dahin erlebt hatte, hat sich mein Charakter stark verändert… Aber jetzt fühle ich mich viel besser und das neue Land (Deutschland) ist nicht mehr so furchterregend. Die neue Schule war wärmer und die fremde Sprache nicht mehr so fremd.

Ich bin nun an der Clemens-Brentano-Europaschule in Lollar. Hier stand ich wieder vor dem Unbekannten: wieder eine neue Schule, eine neue Klasse, neue Personen. Zum Glück war es dieses Mal dank meiner verbesserten Sprachkenntnisse einfacher und ich fand schnell Freunde und konnte mich mit ihnen unterhalten.

Nach zwei Wochen wurde ich in meine aktuelle Klasse 7GA teilintegriert. Vom ersten Tag an habe ich die Klasse geliebt, mich angepasst und mich wohlgefühlt. Die Leute sind von Anfang an mit mir gut und freundlich umgegangen und dem Unterricht konnte ich gut folgen. Bald wurde ich vollintegriert, entdeckte meine Lieblingsfächer (Spanisch, Physik und Sport) und entwickelte mich schnell.

Die Schule fiel mir schon immer leicht, doch in Deutschland war und ist es für mich noch leichter, denn das meiste des Schulstoffs kenne ich schon. Der einzige Nachteil sind immer die kurzen Sommerferien (drei Monate in Moldau und nur sechs Wochen in Deutschland).

Mein Leben in Deutschland sieht jetzt gut aus: Ich habe viele Freunde, werde gut behandelt, entdecke immer mehr neue Möglichkeiten und die deutsche Kultur. Ich versuche mich an mehreren Projekten und Wettbewerben zu beteiligen und viele gute Aspekte meines neuen Lebens zu finden.

Die einzige Etappe, die ich nie überholen können werde, ist die schmerzhafte Verabschiedung von meinen Großeltern jedes Jahr. Sie sind das Licht meiner Seele und das Herz meiner Kindheit und es tut unheimlich weh, zu wissen, dass man sie so selten umarmen kann und dass man nie genügend Zeit mit ihnen verbringen können wird ...

Von links nach rechts: Andrej Keller, Wiebke Meuser, Hania Shojaee, Ros Ibrahim, Kateryna Klymenko, Oleksandr Suiarko, Obaid Mirjani, Chaima Kenaou, Victoria Faurean, Sultana Barakzai

Verein der Freunde und Förderer der Clemens-Brentano-Europaschule Lollar/ Staufenberg e.V.

Der Verein der Freunde und Förderer der Clemens-Brentano-Europaschule wurde am 3. März 1988 gegründet. In seiner Satzung verpflichtet sich der eingetragene Verein, die Schulgemeinschaft zu fördern und die Schule bei der Erfüllung ihrer pädagogischen Aufgaben zu unterstützen. Er verfolgt ausschließlich und unmittelbar gemeinnützige und mildtätige Zwecke.

Der Verein fördert die Schulgemeinschaft durch die Pflege des Kontaktes und der aktiven Zusammenarbeit zwischen Eltern, Lehrern und Freunden der Schule.

Eine andere wichtige Aufgabe ist die Unterstützung geeigneter Maßnahmen zur Verbesserung des Zusammenlebens von ausländischen und deutschen Schülern und Eltern, insbesondere durch Aufbau und Pflege von Schulpartnerschaften, Schüleraustauschmaßnahmen und internationalen Begegnungen (Übernahme oder Bezuschussung von Exkursionen, Partnerschaftsprogrammen und Schulfesten und Europatagen).

Neben materiellen Hilfen zur Verbesserung der pädagogischen Arbeit der Schule leistet der Verein einen wesentlichen Beitrag zur Durchführung des Ganztagsangebotes (finanzielle Beteiligung an Geräten, Verwaltung der Mittel im Rahmen der Förderung von Ganztagsschulen).

Seit 1994 ist der Verein wesentlich beteiligt am gemeinnützigen Betrieb von Einrichtungen für den Schulsport und sonstiger das schulische Leben fördernder Einrichtungen (Unterstützung zum Erhalt und Weiterbetrieb des Hallenbades). Ferner sieht sich der Verein als Mittler, der die Interessen der Schule gegenüber anderen Institutionen, insbesondere den Gremien der Städte Lollar und Staufenberg, vertritt.

Zur Herausgeberin

Sultana Barakzai kam 1992 als Tochter afghanischstämmiger Eltern in Schotten (Vogelsbergkreis) zur Welt. Das Lehramtsstudium mit den Fächern Deutsch und Geschichte absolvierte sie an der Justus-Liebig-Universität in Gießen. Seit 2021 ist sie als examinierte Lehrerin an der Clemens-Brentano-Europaschule in Lollar tätig. Dort unterrichtet Barakzai hauptsächlich Deutsch als Zweitsprache und engagiert sich in den Bereichen Internationale Austauschprogramme und UNESCO. Bereits als Jugendliche gab sie ehrenamtlich Nachhilfe für junge geflüchtete Menschen bei den Schottener Sozialen Diensten.